I

Une autre après pas.

UNE AUTRE APRÈS PAS

11 16 1 22

Dito Dieu

Tout a commencé d'une fin. Mes premiers mots parlaient de ton dernier souffle.

INTRODUCTION

Voilà encore une chose bien compliquée selon moi.

Comme le moucheron est le monde et que le monde est le lion, l'infini devrait être moi, et cette introduction devrait être le livre.

De l'encre sur un papier pour rendre intemporelles les souffrances d'une année. L'essence de l'humanité, ce qui la pousse à renaitre et mourir sans fin, noyée dans l'ignorance. L'espoir étant le seul état de repos pourtant bien absurde. A ne jamais vouloir ouvrir les yeux sur la vérité, ils en deviennent inhumains. Ou c'est peut-être moi qui ne suis pas humain. Humain qui aime autrement, ou vraiment. Je ne sais pas. Et s'il n'y avait de définition universelle a tout ça, et que ma différence n'est finalement que banalité ? Pourquoi alors, me semble-t-il, tout est bien plus sombre en mon antre ?

Le moment n'est pas encore venu aux pourquoi. Là, pour patienter, je vous invite à lire ce qui fait de celui que je suis, celui que vous croyez voir, aveugles que vous êtes.

DEUIL

Je ferai en mon nom qu'ils soient immortels.

<u>J'y penserai</u>,

> demain et même après.

Vous ne m'entendrez prononcer son nom que lorsque vous ne m'écouterez pas.

<u>De toute façon</u>,

> lui, ne m'entendra plus l'appeler.

J'aurais préféré avoir le cœur brisé une ~~seconde~~ fois

plutôt que de te perdre définitivement.

Feuille d'automne, j'ai mal, je pleure...

J'ai mal parce qu'ils ont mal, eux que j'aime tant.

Tous ces **bruits** répétitifs prenant tout l'espace dans ce long silence........

Cette attente horrible où finalement tous redoutent la *fin*.

Ces yeux rouges remplis de souvenirs et de craintes qui n'osent croiser les larmes de l'autre. Pour moi, maniaque du contrôle et obsédé par le *bonheur* des miens, il n'y a pas pire situation.

Je pleure car je l'aimais. Je pleure plus pour eux que pour moi.

Je m'en vais vers la *mort*, mais cette fois ci sans qu'elle ne soit déjà là. Je ne la crains pas. Est-ce parce qu'elle m'a déjà bien trop fait *souffrir* ? Ou me suis-je imprégné d'elle au point où sa venue me parait tendre ?

Il m'est bien honteux de l'avouer mais, après la *tristesse*, ton décès a fait naître en moi un sentiment me donnant l'envie de *vivre*.

Et comme l'oubli du défunt est la *mort* ultime,

je ferai en mon nom qu'ils soient immortels.

Il est possible que l'alcool soit le poison de ma famille. Et il est possible qu'aujourd'hui je perde la *vie* à cause de celui-ci. Mais ça n'est rien. Buvez donc un whisky avec trois glaces, comme ça, d'une traite, vous verrez que ça n'est pas si grave. N'ayez de colère envers personne ici, j'en eut bien assez lors de mon existence. Ni envers mon père, ni mon meilleur ennemi, ni même celles qui m'ont provoqué des nuits blanches. Je pars aujourd'hui avec la *haine* que j'ai engendrée. Je vous laisse mon sourire, mon humour, ma connerie, mon insouciance, ma charité et mon *amour*.

ÉPILOGUE

Oublier un instant, jusqu'à la nouvelle solitude.

J'adore quand la *fin* est dans les débuts,

quand la solution est dans les racines,

quand le but se trouve à l'origine.

C'est pour ça que j'aime les scènes de fin aux débuts des films,

que ce titre, vous ne le comprendrez peut-être qu'en terminant de ce livre,

ou que cette première de couverture cache la solution.

Par moment, je me trouve surpris tant je suis apaisé.

Il me faut de la sagesse, de la tranquillité.

Si ma barque chavire ou virevolte, il m'est bien compliqué de garder mon fleuve sans mouvement.

Un regard

pourrait

 faire disparaître

l'ombre d'une *vie*.

Ce que je repousse flirte avec la
dépendance et l'asservissement.

Des milliards d'esprits perdus offrant leurs destins à
d'autres esprits tout autant perdus. Je rêve de plus
grand, de *différent*. Un miroir bien enfoui en moi croit
en l'idylle, mais les masques que portent toutes ces
âmes en détresse me poussent à l'enterrer.

Il est préférable de se maintenir à ses
principes et d'exiger ce que nous voulons
sincèrement que d'accepter le dépit.

Je ne peux promettre transparence à celui que je ne connais pas, et je ne peux connaître l'*humain* que je ne côtoie que depuis peu.

Le coup de foudre n'est pas l'*amour*. On ne peut aimer vraiment pour un rôle, un instant ou une action. J'ai besoin de voir l'autre pleurer, souffrir, être joyeux, rire, et seul. Oui, j'ai besoin de voir l'autre seul, sans rien autour, sans même l'atmosphère du monde. Alors, lorsque j'aime un être, je l'aime à *vie*. Car quand on aime vraiment, on aime la personne dans son entièreté, avec son pire caractère, et sa plus belle identité.

Voilà pourquoi, je vous le dis, je peux me trouver bien plus loyal envers vous que n'importe qui dessinant sur votre visage un sourire éphémère.

Ils s'unissent pour obtenir.

C'est peut-être le meilleur compromis que l'on puisse
faire avec les autres, peu importe qui ils sont. Juste
prendre et se lancer dans une aventure imitant
un *amour* ultime et intemporel. Revêtir les draps
imperméables du *bonheur* bien que l'intérieur brûle.

Oublier un instant, jusqu'à la nouvelle solitude, et
permettre aux autres de ne toucher que le doux textile
qui nous maintient en *vie*.

Si tout le monde le fait,

ça ne vaut pas la peine de le faire.

Lorsque j'étais enfant, je disais à *maman* que je voulais arrêter de grandir à mes dix-huit ans. Depuis cet âge, je répète avec conviction qu'il me hâte d'être couvert de la chevelure blanche des sages. Si on fait un parallèle de ces deux choses, tout en passant par mon obsession pour l'*infinité* comparable à l'alcoolisme, on tient peut-être une nouvelle dimension du paradoxe.

A quand

remettras-tu ça

lorsque demain

sera trop court ?

J'ai changé en apprenant à accepter l'aide de mes proches. Objectivement, leurs efforts ne m'avancent pas à grand-chose sur le plan physique. Cependant, en ce qui concerne mon moral, un second souffle m'est accordé.

J'ai plusieurs millions de choses à faire, une *infinité* de choses à raconter.

La critique, j'ai toujours adoré ça. Malgré le conflit qui en ressort dû à mon impassible égo, j'en ai toujours tiré une force qui par la suite, devient une médisance chez celui qui m'a jovialement insulté. Je suis *différent*, que cela vous fasse rire, ou vous fasse jouir.

Entre nous c'est rouge.

La température est en constante évolution. Les mots prononcés avec passion ont un impact explosif dans mon cœur. Les attentions ont la douceur d'une plume et le poids du monde.

<u>Oui j'écris des histoires.</u>

Les murs deviendront invisibles.

Ce qu'il y a derrière ne sera que miroir te reflétant. Le linge aura ton odeur, la musique récitera tes paroles et ta peau sera mienne.

Mais non je ne t'en raconte pas.

Alors j'ai fait couler des larmes sur les joues de ces filles meurtries par ma fuite, dans l'objectif de rendre ton monde un peu plus paradisiaque.

<u>Et bien sûr que je veux créer la nôtre.</u>

On baise, puis on apprend à aimer non plus quand c'est terminé,

mais quand c'est là.

Je vois ~~parfois~~ ton regard lorsque je ferme les yeux.

Je ne perds jamais l'*amour* pour quelconque femme dont je suis amoureux car j'aime vraiment. Tant que les brillants de l'aimer sont toujours présent, je me montrerai à *vie* aimant, même si les douleurs pullulent dans ma cage thoracique.

Les flocons

brillaient

  comme les beaux astres

                           Mais cette nuit,

quand elle

                           le génie est sorti,

me murmurait

                         un bon nombre de fois

ses

                           et, que ce soit la lampe

je t'aime.

                      ou la belle main qui l'a frotté,

                           chacun s'en trouve

                              bien irrité.

BÂT

Moins je vois d'ange, moins je vois.

Te montrer mon passé pourrait m'apaiser jusqu'à la tranquillité absolue. Confesser mes péchés, te conter mes névroses, te confier ce qui me rend si mauvais, t'offrir ce qui pourrait anéantir ce personnage que j'ai pris tant de soin à confectionner. Mon ciel en serait bleuté, ma lune brillerait d'un blanc nuage comme une divinité désirant me voir exalter de joie. Si cela arrivait un jour, j'en perdrais toute notion de *temps*, tout jugement de priorité futile ou inexact. Mais pour le moment je construis. Vu que cela est bien moins effrayant, j'essaie d'aboutir à un rêve idyllique.

Comme toi et comme les autres,

j'essaie de m'inventer un *paradis*

qui probablement m'emmènera en *enfer*.

Il est vrai que, nombreuses ont eu mon corps, et je m'en sens tristement glorifié. Mais mon *cœur*, dans son entièreté la plus sincère, peine à vouloir même se montrer. C'est vrai, je tombe amoureux, mais rien de pétillant. Je ne connais les papillons, ou cette sensation de préférer le *bonheur* de l'autre à mon propre avenir.

Je délaisserai la joie,

 abandonnerai le *bonheur*,

ignorerai les combats.

Non pas par lâcheté, mais par fatigue. Un peu aussi car toute ces épreuves ne valent pas leurs bénéfices. Je laisserai ce combat là pour ceux que j'aime, je ne demanderai aucune affection, aucune exclusivité en retour car lorsqu'on te donne, le prix est toujours bien élevé et disproportionné à ce que tu obtiens. Alors j'admets ma défaite, la *haine* et la *tristesse* m'ont eu, inexorablement,

et c'est peut-être ce qui me fera gloire dans l'ombre.

Parfois, on ne sait juste pas se comprendre. Parfois, tes actes de compassion ne sont pas perçus par ceux que tu aimes. Et ceux que tu aimes t'oublient, simplement car ils n'ont que leurs visions. S'ils ne savent pas reconnaître ton amour, ne t'en veux surtout pas. Tu es bon. Tu aimes sincèrement.

J'offre autant que je sais le faire.

Peu souvent des moments, régulièrement de la confiance, constamment du courage, subtilement des sentiments.

Mais on ne m'a pas créé pour recevoir,

je n'ai pas été fait pour être aimé.

Conforme-toi à ton image, ne la lâche surtout pas, tu pourrais encore être entraîné là où tu ne veux surtout plus aller.

Si tu étais moi,

tu saurais que

l'enfer

ce n'est pas toujours les autres.

Cette étrange sensation d'aimer une personne mais de se sentir mieux sans elle, je la ressens constamment. Être obsédé par la solitude est un bien terrible malheur dont sont hantés penseurs dans mon genre.

Je n'aurais jamais dû devenir génial. Rester ce petit être à l'écart aurait été une bien meilleure vie que celle d'un brillant exemple.

Si j'ai du mal

à trouver l'idylle

c'est peut-être

car j'attends

l'inconditionnel.

Il y a sept heures, je m'endormais en m'avouant ma faiblesse. Mais je me trompais. Là que, par volonté divine, elle décide de mettre fin à ce grand n'importe quoi, je prends conscience que ça n'est pas la femme qui me pousse à devenir bête. Je le suis à l'origine car je connais le déroulement, où ça fini lorsque tu leurs fais confiance et comment un homme peut se sentir après avoir tenté de tout donner en vain. La chose qui m'embête de plus, c'est qu'elles ne sont pas toutes si mauvaises. J'en reste persuadé, il y a des anges parmi ces femmes. J'en ai rencontrés mais je n'ai su les retenir. Et avec le temps,

moins je vois d'ange, moins je vois.

J'ai un mal d'amour,

un mal d'égo,

un mal de vie,

un mal de cœur.

Le doute,

l'incertitude,

la peur.

Un concerto de sentiments bousculant le paradis imaginaire d'un nouvel amoureux. Vous avez probablement raison, tout ça ne serait peut-être que lâcheté de garder son costume d'homme en sécurité,

plus optimiste envers le *bonheur*

que pessimiste en *amour*.

Jusqu'à ce que mon âme s'affadisse,

allant à l'amble en accord avec ma tristesse,

la haine pâlira l'antique lys,

tant l'espoir éploré de jours heureux s'affaisse.

Dis-moi, pourquoi le doute s'empare de la magie du début ? Pourquoi la peur se mouve toujours autant alors que l'amour et l'eau fraîche devraient danser lorsqu'on glisse l'un sur l'autre ?

Je l'ai aimée.

Bien plus que d'autres,

mais bien moins longtemps.

Le matin je t'aime,

le soir je te déteste.

Comment peux-tu,

rien qu'avec la force de ton désintéressement,

gâcher un amour candide.

Et si je n'en sortais jamais ? Si mes sentiments grandissaient, encore et encore, jusqu'au jours où elle serait vêtue d'un voile blanc au côté de son avenir, pourrais-je respirer ? Pourrais-je dormir le soir tout en sachant que la fierté a peut-être fait impasse à mon possible *bonheur* ?

Parfois, tu aimes une personne mais tu désir plus son bien que son *amour.* Alors c'est tout, tu avances. Tu l'aimes, et puis c'est tout.

Et je viendrai une nuit vers la fin de tout pour te reciter mes peines et mes souffrances. Je te dirai ce jour où je n'aurai de pouls, que depuis tout ce temps le grand amour me manque.

NEURASTHÉNIE

Je n'ai pas eu de père, pourtant j'en ai deux. Je ne suis pas père, mais j'ai enfanté deux fois.

-Il y a des combats contre soit même que l'on croit inévitable mais il n'y est pas. Parfois, il vaudrait mieux s'abstenir d' « avancer », comme ils disent.

-Pourtant le but de la vie, c'est d'évoluer, non ?

–Ça pourrait l'être oui. Puis parfois, il n'y a plus rien à faire et c'est bien comme ça.

-Je n'aime pas me satisfaire.

-Tu connais cette expression qui dit « chasse le naturel et il revient au galop » ?

-Mmmh.

-Les gens l'emploient toujours pour juger un comportement négatif ou mauvais, mais ils n'y sont pas.

-Argumente.

-Toi par exemple, tu es né bon, tu as perduré bon, et malgré tout ce que tu as pu faire aux femmes, parfois tu ne peux rien y faire et redeviens un cœur tendre et sensible…

-Fragile. Mais ce ne sont que des passades. J'oublie juste qui est vraiment la femme.

-Tu as parcouru tellement de formes féminines, certaines étaient divines, d'autres agréables, parfois tendres. Tu as connu tout genre esthétique et mental et tu arrives encore à aimer malgré le fait que tu attestes que non. Et ça n'est pas quand une simple enveloppe charnelle t'envie que tu es le plus heureux, mais quand tu aimes quelqu'un qui t'aime au plus haut point, n'est-ce pas ?

-Tu as probablement raison mais si la tranquillité à coup sûr coûte une solitude sentimentale, je signe.

-Tu signes pour la tristesse et le manque. Tu signes tes dépressions et tes écritures. Tu signes l'enfer et le doute. Je suis persuadé qu'un beau jour, ton naturel tombera de ton armure glaciale, et un ange le ramassera pour le réchauffer. J'ai confiance en ta bonne étoile, j'ai confiance en ta profonde sagesse et en ta tranquillité bien méritée avec une femme qui t'aimera toi, pas l'iceberg dans lequel tu te reposes.

Je me sens distant de tout. Le fait que ma mère me reproche de ne pas aller la voir assez souvent ou que rien de tout le reste ne semble pas m'atteindre. Le temps qui coule, les souvenirs de moments passés avec des amis que je perçois différemment d'eux, la vision de l'avenir complètement différent de celle d'autrui. *Différent.* C'est toujours la même histoire.

Il m'est pénible de ne jamais réussir à savourer un objectif atteint. Le *bonheur* ressenti est toujours moindre à ce que j'attendais et mon besoin impératif d'avancer me prend à la gorge tel un je t'aime.

Personne ne te voit.

Ils t'observent tous, en attendant un regard de ta part, une chute ou une réussite.

Mais personne ne te voit.

Personne ne t'entend.

Tu as beau crier dans ton silence, aucun ne t'écoute vraiment.

Puis ils parlent tous à celui qu'ils veulent.

Pas un ne sait qui tu es donc nul ne te parle à toi.

Alors ton *cœur,* lui, raisonne depuis des années.

Le bruit noir te fait l'oublier et quand une poussière y entre, c'est pour y salir l'espace.

Il est maintenant normal que lorsqu'une lueur au loin t'appelle, tu crains que ça ne soit que mirage et qu'il vaudrait mieux fermer les yeux et te boucher les oreilles, sans dire un mot.

Mon grand-père est parti il y a deux semaines d'un cancer et ça fait six mois qu'un accident vasculaire cérébral m'a volé un être cher. Ce matin, un collègue me confie qu'hier, un de ses amis de 35 ans s'est tiré une balle de Beretta A400 calibre 20 au niveau du lobe pariétal, côté gauche. Ce suicidaire n'avait pourtant, aux yeux de tous, que le *bonheur* pour compagnon d'âme. Qui plus est, ce collègue a perdu son frère de 28 ans il y a quelques mois dû à un arrêt cardiaque. Un jeune, pourtant en merveilleuse santé. C'est dans ces moments-là que je remets en question ma foi et mon idéal d'*infinité*.

Il y a une journée pour lui. C'est sa fête.

Là-bas, loin, caché derrière les arbres entre montagnes et lacs, il sourit avec ses deux tendres enfants, *heureux* de leurs sourires, fier de ce qu'il a procréé. Il n'a pas attendu le rire de ces deux petits êtres pour oublier qu'ici, il a laissé un homme face à *solitude* n'ayant jamais ri avec son paternel.

Je n'ai pas eu de père, pourtant j'en ai deux.

Je ne suis pas père, mais j'ai enfanté deux fois.

Je ne perçois pas l'amour comme eux.

Le bonheur a une couleur différente dans ma main.

L'air n'a pas la même odeur

et le coton est bien plus doux sur mes lèvres.

Je n'ai toujours été que déçu. Par les gens, par ce que je ressens face à mes acquis ou même par le monde. Tout est pâle, tout m'ennuie.

Rien ne vaut la peine d'être fêté.

Rien n'est important.

Ils ne me comprendront jamais.

Non pas parce que je serais d'une complexité quelconque, loin de là. Mais parce que leurs principes sont bien trop différents des miens.

Ils ne comprendraient pas la loyauté sans l'expliquer.

Ils ne parleraient pas du même amour que moi. Ils n'appellent pas les sages du même nom que moi.

J'en suis peiné.

J'aime la solitude, mais pas l'ignorance de ceux que j'aime.

Hier soir, j'ai voulu réessayer leurs vies. J'ai enfilé mon plus beau polo, lacé mes plus belles chaussures et emmené la plus chère de mes bouteilles. J'étais avec eux et je ne savais parler d'autre que de l'avenir. J'ai senti comme un vide d'intérêt alors j'ai voulu aller plus loin en les suivant au bar dans lequel j'aimais tant sortir. L'ennui m'a tellement alcoolisé que j'ai fini au coca. En retrait de la foule, différent du commun de ce lieu, je n'ai plus ma place ici. J'ai besoin d'autre chose, de différent. J'ai pris conscience qu'aujourd'hui je ne me sentais bien qu'à trois endroits : au travail, en compagnie uniquement de ceux que j'aime et seul avec moi-même. Et même là-bas, j'en reste dans la majorité du temps souffrant. Je sens cette vie comme vide de sens. Je ne pense pas que, vers la fin, je regretterai de ne pas t'avoir écouté quand tu me disais de vivre chaque jour de cette putain de vie comme si c'était mon dernier.

Lorsque la plus petite sensation de frénésie s'immisce en moi, je sombre. Je m'enfonce dans un lit de précaution, de *haine,* de *névroses* surdosées jusqu'à rejeter tout ce qui pourrait me mettre dans un état de servitude et de soumission.

Il est plus simple d'asservir

que de se mettre sur un pied d'égalité.

Parfois, je ressens tellement de douleur que j'en vient à ne plus rien ressentir. Comme un bruit prenant tellement d'intensité qu'il en vient à sortir du champ acoustique.

silence

vide

Dans le noir, je n'ai vu mes yeux sommeiller.

Non, ça n'était pas un cauchemar.

Entre nous c'est gris. Mes *névroses* orageuses appellent à la tempête. Un torrent de craintes envahit mes pensées et fait de moi un nuage arc-en-ciel nuancé de gris où les couleurs pâlies ne demandent qu'à briller de lumière.

54

Comme à chaque fois que je goûte à la *vie*, le désir de tout quitter fait briller mes yeux. Attendons lundi, tout reviendra à la *tristesse*.

J'ai du mal à ouvrir les yeux en ce qui concerne le vrai *amour* que les autres ont envers moi. Pourtant, si elle ne me propose rien, qu'elle ne fait aucun pas vers moi, que tout ce qu'elle a désiré c'est mon sexe dans son fin fond, elle n'a jamais aimé que mon rôle.

Sous alcool j'écris mieux. Comme si mon œil imprégnait l'abondance de liquide lacrymal d'une cohérence parfaite malgré le trouble.

Et c'est bien plus fort que moi.

Je me sens dans l'obligation de lui lancer des possibilités. Je ne veux plus la voir car elle me met dans un état que je n'apprécie pas.

Mais quand se montre l'occasion, je l'invite à me rendre visite.

Comme pour chaque *bonheur,* il m'a fallu toucher le drame.

Des larmes et des nuits blanches.

Un cendrier et du bourdon.

Selon certains c'est le jeu et, je suis bien fatigué, moi, de jouer.

Je ne sais plus où je vais, j'y vois trouble.

L'alcool n'est autre qu'une fenêtre borgne.

Les mots de Schopen tournent en rond

et le cœur ment pour aimer.

Puis bien sûr,

on avance soit avec l'amour,

soit avec la peur.

Deux mois de crépuscule ont suffi pour faire de ce qui me déplaisait chez toi mon paradis, et de ce qui me faisait rêver mon enfer.

Je sais pertinemment que ses choix seront *souffrance* pour moi, mais comme lorsqu'on approche sa main trop près du feu tout en sachant que nous allons nous brûler, je lui demande ce qu'ils sont.

Amour, j'ai la nausée. J'ai peut-être goûté à l'enfer déguisé.

Aucune d'entre elles n'a aimé mon *cœur.*

Elles ont joui de ma verve, rêvé de mes soirées lubriques,
pleuré pour mon temps.

Mais aucune

n'a su danser

uniquement

pour ce qui me fait

vivre.

FIEL

Ça paraît vieux, mais rien n'a changé.

Il est possible que je ne sois jamais pleinement heureux
en suivant ce chemin, mais cela m'est bien égal.

A la fin, j'aurais l'honneur de dire que,

moi, j'ai eu le courage de le chercher,

le vrai *bonheur.*

L'avenir pue alors, cette nuit comme avant, je vois le monde en gris, et je vais tout éteindre pour vivre un peu, loin des rivales, de ceux que j'aime, et des mensonges en couleurs.

Le truc qui est fascinant avec l'être humain, c'est qu'il te reprochera toujours d'avoir agi si cela lui déplait. Mais aucun n'essaiera de comprendre pourquoi tu es passé à l'action, même quand l'acte t'est devenu inévitable par l'agissement de celui qui te condamne.

J'ai toujours été attiré par la *solitude* comme un ivrogne avec son whisky.

Des suées froides. J'en ai broyé le micro-ondes à mains poudreuses. Si c'est le prix du *bonheur,* ça n'est pas si cher payé mais je connais l'effet loupe ; tous ces efforts ne me donneront en aucun cas la chaleure attendu et c'est bien ça qui glacera mon été.

Tout est noir et blanc,

surtout noir.

Ça paraît vieux,

mais rien n'a changé.

Début de mois un jeudi, les stories remplies de fast-food et de best Life. Mon canapé m'accueille avec plaisir devant house of cards et une assiette de pâtes au poulet curry réchauffées de la veille. Tout se passe pour le mieux hormis le fait que cette best life m'ennuie comme une belle femme sans audace.

Personne ne veut prendre parti en public mais tout le monde se mouille en privé.

Ton rêve est mon cauchemar.

Les merveilles que tu savoures me font vomir. La main qui t'adoucit m'endurcit. Ce que j'aime, personne ne le voit.

Des larmes contre le paradis.

Je suis dans l'incapacité de donner de l'intérêt à quelqu'un qui ne m'en donne pas, d'exprimer un *amour* a quelqu'un qui ne m'aime pas.

Car mes racines sont de marbre

et que tes yeux sont d'émeraude.

Vu que l'on voit en moi l'extrême, je vais respecter cette image encore une fois et que Dieu me pardonne. Autant as-tu été proche de moi, si l'eau que tu as bue a coulé sur les rives de la trahison, les arcanes lunaires infinies me montreront sans arrêt l'épais liquide du huitième étage des enfers se faufilant dans tous les recoins de tes poumons jusqu'à ce que ton *âme* prenne la fuite à son tour.

Ne leur fais pas confiance. A aucun d'eux. Ton propre père t'a trahi et tant d'autres, comme lui, l'ont déjà fait. Il n'y a que toi et toi seul qui doit être capable de te poignarder. Maintenant, fais attention à toi.

Même si tu connais la route vers le paradis,

si tu abrites l'enfer,

tu finiras en enfer.

Une crise énergétique, et moi, ça fait des années que je suis fatigué. Je ne pense qu'à acheter ma dune pour enfin me reposer quand le monde ne pense qu'au réveillon et à ses décorations lumineuses.

Je vis seul et paie des impôts. La ménagère payée à moitié par l'état ou presque, un peu comme un chômeur.

Il est possible que, là que tu es en train de lire ces mots, certains t'étais dédiés. Il est aussi possible que tu sois un déchet de l'humanité mais comme avec l'autre sujet, je ne te donnerai pas le plaisir de te le dire.

Mais imaginons que l'amour ne soit que matrice et fuite de la réalité. Que tout ce que l'on recherche, c'est d'arrêter le combat pour procréer puis céder le flambeau, par fatigue, par lâcheté. Alors là, vous me direz que j'ai eu la plus sage et sensée décision d'entre tous, que de ne conjuguer mes *amours* qu'au singulier.

Mon cœur a avorté. Pour le *bonheur* de toutes.

Elle t'appellera quand elle sera seul. Ton aide sera demandée lorsqu'elle sera en difficulté. Au moment où son ego en aura besoin, elle te consommera. Mais rien ne te sera offert. Pas un regard, pas le moindre intérêt, rien du tout. Car, comme avec les autres, tu n'es qu'un jouet sexuel. Alors ne prends rien à *cœur* et n'attends rien d'elle.

Vous reprocheriez à votre animal d'aller manger ailleurs si vous arrêtiez de le nourrir ?

Elles m'aiment noir. Elles n'aiment pas celui que je suis avec la réussite et la sagesse, mais elles raffolent de celui qui est tombé et qui s'est attaché au parterre de marbre sur lequel son front s'est cogné tellement de fois et avec tellement de violence que ce marbre épais en est fissuré.

Nous ne serons plus jamais sur le même pied d'égalité.

Voilà le résultat de ton choix. Moi qui rêvais que nous ne fassions qu'un.

Bien entendu, quand je lui dis qu'attendre son *cœur* m'a lassé, elle se montre bien plus attentive.

L'œil voit flou.

Mes délires viennent prendre ta place à minuit et m'assèchent les paupières.

On a tout dit, le pied sur le starter.

Le lendemain ne sera que tourment jusqu'à ce que mes névroses m'enchaînent à la domination pour que je puisse enfin respirer la tranquillité.

Je pourrais tout refaire, même tout détruire.

Elle foule de ses pieds délicats le cœur glacial des hommes déshumanisés par la douleur pour ne jamais toucher la boue que ses semblables défèquent, dans laquelle se noie l'âme de ces amoureux disparus.

ÂME

Une autre chute, une autre erreur, après chaque pas.

Malgré mes nombreux trophées, je me dis globalement perdant. Je ne m'habituerai pas à la victoire. Je ne verrai que mes chutes. Et tout en haut, lorsque je serai lassé de combattre, lorsque je préférerai l'*amour* et qu'enfin je serai prêt à accueillir la tranquillité tant attendue, je regarderai sans vertige et avec une agréable douceur, les ronces accumulées et les innombrables rochers aiguisés que j'ai sus escalader.

Le manège tourne sans se rouiller. Une grande ascension promettant des sensations fortes étant suivie par une pente raide me laissant désabusé. Après cela vient la *haine* avec la descente aux enfers. Tout devient alors pulsion et incontrôle. Jusqu'à laisser place à la conscience. C'est là que je vois le manège. Que je comprends. Que l'envie de sortir de cette spirale où chacun est enfermé revient. Je suis différent de vous. Je ne veux plus de ce jeu. Tout ça, ça n'est pas ma vie.

Les écouter et les voir plus régulièrement apaiserait leurs douleurs quotidiennes mais n'arrêterait pas leurs nuits blanches et leurs *souffrances* constantes. Vu que je suis l'unique ayant la force de faire changer les choses, je me dois d'accomplir. Vous me direz que si le ciel tombe et qu'ils venaient à périr avant ma réussite, mes efforts seraient inutiles, mais ne rien faire ne serait bon pour ceux qui resteraient. Je ne donnerai pas ma mission à ma progéniture, je ne léguerai jamais mes *névroses* à mes semblables. Il y a problème et je peux le régler, et quand on peut, on doit.

J'irai déchirer les préconçus, fendre les idées reçues, diviser la force du nombre. J'engloutirai le mal sans mal car je m'en suis déjà imprégné. Je ne laisserai à la surface que *bonheur* et satisfaction pour ceux qui m'ont toujours montré *amour* véritable et *loyauté* sans pareil. Je franchirai rivières, montagnes, océans, cieux puis astres, *un pas après l'autre.* Et car c'est ça qui me fait réussir, j'emmagasinerai épreuves et *névroses,* douleurs de *cœur* et douleurs de l'*âme*, puis j'avancerai encore avant d'à nouveau retomber. Sans peut être ne jamais m'arrêter. *Une autre chute, une autre erreur, après chaque pas.*

Tout pourrait changer demain. Il est possible que j'aille ailleurs en restant ici où je deviendrais plus adulte que certains seniors.

J'y délaisserais les salles illuminées d'insouciance et quelques individus pourtant loyaux. Je me dévêtirais de mon égo pour naître dans un autre monde, nue, prêt à affronter temps et troubles du psychisme. Je suis déjà bien *différent* et bien incompris. J'irai là où moi-même, je ne comprendrais peut-être jamais qui je suis.

Le sexe facile détruit la rigueur si on lui donne trop d'intérêt. Tout comme le laisser aller détruit le profond pensant.

L'humain seul, en difficulté, ou non abouti avance plus vite que l'*heureux* jusqu'à un certain stade de bien être où il s'arrêtera d'évoluer ou de donner autant d'effort pour avoir plus.

C'est similaire à la nature et à toute chose en ce monde : tout change jusqu'au moment où le changement n'est plus une obligation pour perdurer.

Dès que l'environnement est favorable, on s'arrête, simplement car on s'y sent bien. Un poison en soit.

Deux moyens s'offrent à nous : le premier consiste à se satisfaire, même si nous ne nous arrêtons finalement pas au lieu qui nous était objectif. Le deuxième consiste tout bonnement à se mettre constamment dans un contexte d'inconfort, de souffrance ou d'insuffisance.

Et c'est de là que naît ma chérophobie.

Le monde évolue constamment et j'ai bien conscience que, celui qui se contente, malgré lui, recule. J'ai une peur viscérale de n'avoir aucune valeur, alors je me lacère l'âme, j'essouffle mon bien être, bride mon plaisir et éteint mes envies dans l'espoir qu'un jour, je puisse, sans regret, adopter une dune qui vaille le coup de redevenir grain de sable.

J'avancerai plus vite que le temps selon la femme qui m'a fait naître et toute vraisemblance. Mes cheveux gris émergent avant ma vingtaine, mon attirance pour les femmes plus âgées croît avec le temps et mon besoin d'immortalité à mon si jeune âge sont des signes de vieillesse prématurée. Mon frère est un poupard sorti trop tôt, je suis né quatre ans avant lui. Dans les bacs à sable, j'étais tant en avance qu'on me croyait en retard. J'ai passé l'âge du quart de siècle, si je meurs dans cinq ans, rien ne serait étonnant. Je laisserai ma tâche avant que la lune ne tombe sur la tête de ma mère et que le monde m'assombrît plus que ses cheveux s'éclaircissent.

Rêver de pouvoir et de responsabilité, voilà quelque chose particulièrement inconnu des gens normaux. Ça n'est pas comme désirer être médecin, policier, astronaute ou architecte. Je vous parle d'un besoin de diriger, de prendre des choix ayant un impact, peu importe le domaine tant qu'il nous plait un minimum. Ici je vous démontre une envie plus grande que de suivre une carrière dans un métier et de se laisser porter par la course ennuyeuse de la *vie*. Je veux du stress justifié, un objectif qui transcendera les générations, des actions qui figureront dans l'histoire, qui changeront la *vie* d'un peuple. Je ne veux pas travailler, je n'ai jamais aimé ça. Ce que je veux, c'est un chemin de lumière.

Personne n'a appris au jeune barbu que j'étais, comment un homme doit se raser. Je me suis coupé seul, j'ai guéri mes plaies seul, je suis allé acheter mes lames seul et j'ai obtenu cette belle barbe bien taillée seul.

Et ça n'est certainement pas une femme qui m'aidera à mieux me raser.

Concentre-toi.

Remets toutes ces choses à leurs places. Vois ce dont tu as réellement besoin. Grâce à qui tu te lèves, qui te donne la force d'avancer et qui te donne ce que tu veux ?

Si la réponse à ces questions est « toi seul », alors sois serein, tu es libre.

Je garde le contrôle. Il ne faut pas que je ressente de trop et surtout, il ne faut pas que ce que je ressens m'influence. Je garde mon *bonheur*, je garde ma liberté. Si je suis ce plan, il n'y aura aucune trace de pneus.

Angoisse. Ceux qui m'aiment me regardent. Ils croient en moi, j'ai enfin réussi. C'est un privilège alors il me faut accomplir. L'objectif est en vue, la route est tracée. Cette pression je l'aime. J'ai une raison d'atteindre le sommet.

Ils me voient,

ils verront,

j'arrive.

Je ne crains pas la solitude,

je n'ai pas honte de devenir adulte.

Permettez-moi d'attraper la sagesse et d'emprisonner la tranquillité avant que les flammes du mal ne me laissent encore des séquelles.

J'ai tendance à me manipuler moi-même comme si j'étais mon adversaire aux échecs et que j'essayais subtilement de me faire gagner.

J'écrase

la sauvegarde

et recommence

sans cesse,

jusqu'à la victoire

ou l'ultime fin.

Ça fait bien longtemps que je n'ai pas baisé moins de quinze minutes. Quand la luxure vous chope à l'*âme*, le plaisir devient moindre et l'orgasme vient machinalement. Je rêve de demander pardon car j'ai été trop rapide ou pas assez bon. J'aimerais encore ressentir cette exaltation qui me menotte à l'incontrôlé. Ma belle, permets-moi de t'aimer juste un court instant, car la femme m'a trop déçu pour que je puisse jouir paisiblement sans en souffrir.

Je vais de nouveau pouvoir embrasser en toute bonne conscience le diable. Femmes, je ne voulais plus de vous, mais faites-moi encore oublier ce qu'ils aiment appeler le paradis. Là-bas, on n'y est pas plus heureux qu'ici.

Pour qu'elle reste, j'ai pris ses jambes à mon coup.

Des lors que je ne suis plus occupé, elle redevient mon tout. Je n'ai jamais autant voilé ce que je ressentais. A chacune de ses paroles, à chacune de ses affections même amicales, je prends *bonheur*. Son sourire que je trouvais si étrange est, tout soir, le début de mes songes. Même si ma peine et ma jalousie me rongent lors de mes paranoïas peut être bien réelles, je me tairais, car elle seule sait où est sa joie. Si heureuse soit elle avec quiconque hormis moi, j'en finirai ravi, tant qu'elle aussi.

Entre nous c'est bleu. Les sentiments réchauffent mon *âme* comme un coucher de soleil et mon ciel dégagé me titille l'imagination.

Ne tombe pas dans le piège.

Mon amour, si je baisais avec une autre, je t'aimerais peut-être encore plus.

Ne te soumets surtout pas.

Si elle ne me désire pas, je ne peux l'aimer amoureusement. Puis, je ne peux aimer femme que je n'ai pas goûtée. Après cela, je ne peux aimer celle dont je ne connais l'*âme*. Qui sait ce qu'il y a ensuite ? J'aime toujours ces êtres, mais il y a quelque chose, un trésor, le secret de mon *cœur* qui m'est encore inconnu.

Ne t'attache pas au fouet de l'*amour*.

J'essaie d'adoucir et de métamorphoser ma vision de l'*amour*, ou plutôt de la relation amoureuse. J'aimerais m'aveugler jusqu'à oublier l'image et ne faire que ressentir. Si j'en vient à obtenir cette sagesse, il me serait paradoxalement bien plus éprouvant de trouver ma bien aimée.

GENÈSE

Je fermerais les yeux sur leur vérité pour y voir la lumière.

Je ne sais pas d'où me vient ce besoin mortel de liberté. Je me sens comme l'eau d'un vivier rêvant de vaciller sur des ruisseaux en dévalant des cascades jonchées de verdures et d'animaux en tous genres. Donnez-moi un sens, une limite, une matrice acceptable. Faites que je ne vois plus la vérité pour que je puisse enfin me reposer comme un long fleuve apaisé.

Comme un fou, j'ai besoin d'isolement pour oublier l'ignominie du monde et de ceux qui le peuplent.

Je fermerais les yeux sur leur vérité pour y voir la lumière.

Je ne veux plus de ce monde. Je demande la lune pour que règne les songes. J'aimerais la sérénité. Est-ce parce que je vieillis ? Ou bien n'est-ce qu'un déclin moral temporaire ?

Je me serais épargné tant de craintes et de stress si j'avais su accepter plus tôt la douce main de ceux qui m'aiment.

Je vous dis merci. Si tous ces écrits paient, vous n'aurez pas fait que de causer mon mal. Alors, je vous remercie.

Qui croit réellement en moi ? En mes objectifs ? En mon idéologie ? Qui juge que mes principes sont respectables comme je le cherche et qui m'écoute réellement ? Ce dont j'ai besoin chez une femme, c'est ça. Qu'elle m'aime vraiment, moi, l'être petit, dans son entière complexité, rêvant de choses gigantesques, de tranquillité et de liberté.

Elle a ces précieux qui se montrent que lorsque j'aime. Ou je l'aime donc ils me paraissent précieux, ces subtils détails visuels ou auditifs qui, dans ma mémoire, sont enfermés et tournent en boucle.

Ces quelques plis à son museau lorsqu'elle sourit, la sonorité mélodieuse de sa voix qui bifurque à l'aigu quand elle ne respire qu'avec *bonheur*, sa main coton qui attendrit la mienne au moment où je lui tends la queue de billard. Des choses uniques, qu'elle seul possède, qui me font me sentir amoureux.

Dans la foi la plus alarmiste, près du précipice, là où tout n'est qu'ombre ; Après avoir goûté plus de chairs qu'il n'en faut ; Après avoir amassé plus d'étoiles qu'il me devait ; Après n'avoir vu que moi en désirant autre ; Je rêve de m'arracher les yeux, de me coudre la bouche, de condamner mes oreilles, de couper mes mains, jusqu'à perdre toute notion de l'extérieur et de ne sentir que mon *cœur* battre en harmonie avec le monde tel qu'il est dans ses abysses les plus intimes.

Si nous allions mieux ? Si nous vivions simplement ? Si nous aimions infiniment ?

L'espoir est toujours folie avant réussite.

Sur le chemin de la création, j'ai croisé un oiseau magnifique aux plumes blanches sifflant une mélodie attractive rythmant mon *cœur*. Il me fit oublier l'horizon, je ne voyais plus que l'idylle. Lorsque je me suis assis au pied de son perchoir pour me reposer, il est parti, s'envolant là où, humain que je suis, ne pouvait le suivre. En me réveillant, je ne savais plus par où aller, tout était assombri dans le souvenir de cet oiseau clair comme une lumière au fond d'un tunnel. Quand j'eus repris mes esprits, je me rendis compte que, pendant tout ce temps, le piaf n'était que mirage des cieux et de ma fatigue me miroitant un flou souvenir lointain. Je ne me reposais pas, je ne l'admirais pas, j'étais allongé là, dans des ronces et des roses blanc pâle. De vieilles plaies sur mon corps pleuraient mon idiotie. Mon remède au fond du chemin m'appelait de nouveau, mes yeux s'étant noyés dans l'aurore redécouvraient enfin la clarté de la vérité. Je prie tout de même en secret de le croiser à la fin de mon périple, cet oiseau blanc.

Si je fais tout ça, c'est purement par égoïsme. Car voir les yeux de ma mère emplis de fierté en voyant ce que son fils a réussi à faire me comblerait de *bonheur*. **Maman**, ne sois pas satisfaite trop tôt, je vais te montrer tout ce que je peux réussir pour toi.

BOUCLE CAUSALE

Merci de ne pas lire ces mots mal écrits. J'espère que vous ne comprendrez absolument rien car moi-même, j'ai bien du mal à me comprendre. Imaginez mon égo si l'Inconnu savait là où j'ignore tout de moi-même. Puis, sans rire, selon vous, en vaudrais-je vraiment la peine ?

·

·

·

C'était hier, le 15 novembre 2021. Ma feuille d'automne.

Tout a commencé d'une fin. Mes premiers mots parlaient de ton dernier souffle.

·